# DU DROIT

À

# L'ASSISTANCE PUBLIQUE

PAR

L'EX-LIEUTENANT-COLONEL MOUTON.

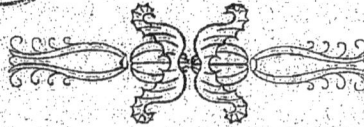

NEVERS,

IMPRIMERIE DE P. BÉGAT, RUE DU FER, 16.

1849.

# TRAITÉ,

## SOUS FORME DE PROJET DE DÉCRET,

ADRESSÉ LE 1ᵉʳ AVRIL 1849;

### Par le Lieutenant-Colonel MOUTON,

## A L'ASSOCIATION DÉMOCRATIQUE DES AMIS DE LA CONSTITUTION

### DE PARIS,

Dont il est un des premiers fondateurs, pour concourir à l'obtention de la médaille de bronze qu'elle offre au citoyen qui aura indiqué les meilleurs moyens pratiques d'organiser

## L'ASSISTANCE PUBLIQUE EN FRANCE.

———

L'article 13 de la Constitution offre à lui seul des garanties suffisantes pour améliorer la condition de ceux qui souffrent; qu'on les aborde franchement une bonne fois, et le bien-être du peuple est assuré.

Ne pouvant traiter simultanément toutes les questions importantes que cet article comprend, nous nous bornons, pour le moment, à demander l'organisation de l'assistance publique.

L'assistance, sous une République démocratique, ne doit pas humilier l'homme assez malheureux pour se trouver dans la dure nécessité d'y recourir. Elle doit, au contraire, s'exercer en vue de lui conserver toute sa dignité, de le relever à ses propres yeux, de le moraliser et de lui faire aimer le travail.

Faire comprendre à l'homme, dès sa jeunesse, que son travail recevra, avec le temps, sa juste rémunération, n'est-ce pas l'encourager de la manière la plus efficace, et obtenir un résultat dont la société tout entière retirera le premier bienfait ?

On s'éloignerait de ce but, éminemment démocratique, si on ne laissait, comme par le passé, à l'honnête travailleur, épuisé par l'âge ou les infirmités, que la triste perspective d'aller recevoir sur les escaliers d'une mairie quelques grammes de pain, offerts souvent avec une injuste parcimonie, et presque toujours avec une ostentation blessante pour celui que la faim poursuit ; ou bien encore, d'aller gémir, privé de ses affections de famille, sur un grabat dans un hôpital.

Ce spectacle affligeant a trop long-temps navré le cœur des Démocrates ; il faut qu'il disparaisse pour toujours de nos yeux ! Laissons les monarchies, concédant à leurs mendiants le droit d'aller tendre leurs écuelles aux guichets des couvents ! Éloignons de nos yeux tout ce qui peut rappeler ces temps d'égoïsme et d'abrutissement. Hâtons-nous d'exercer l'assistance publique en véritables chrétiens, telle qu'elle convient enfin à l'homme libre, et aux sentiments d'une véritable fraternité.

L'assistance publique doit se proposer un but philantropique, et à la fois moral et civilisateur.

Créons une institution forte et durable, avec le concours de ceux-là mêmes destinés à jouir de ses bienfaits. Que l'ouvrier, dans sa vieillesse, ou, lorsque des infirmités ne lui permettront plus de se livrer à aucun travail, ait une existence assurée !

Ce n'est pas une aumône que nous réclamons pour lui ; mais bien le droit de vivre en travaillant dans l'état de santé et de ne pas mourir de faim quand ses forces seront épuisées.

Cette tâche, aussi grande qu'elle est noble et juste, n'est pas au-dessus des ressources que possède la société. Que les heureux de ce monde daignent laisser tomber quelques miettes de pain du festin auquel ils sont journellement assis, elles seront suffisantes pour empêcher leurs semblables de mourir de faim.

Un sujet, qui intéresse à un aussi haut degré les travailleurs, et nous pourrions même dire la société entière, pourrait nous conduire à donner un plus grand développement à nos pensées ; mais, désirant nous renfermer dans le cadre qui nous a été tracé par l'association démocratique, nous nous hâtons de mettre sous ses yeux un projet de décret qui, selon nos convictions, présente, dans ses dispositions, des mesures immédiatement praticables, au moyen desquelles on peut arriver à améliorer d'une manière durable et équitable le sort de ceux qui souffrent dans l'état de misère où les a placés l'organisation vicieuse de la société.

P. MOUTON,

Ex-Lieutenant-Colonel du 21e régiment d'infanterie de ligne, en garnison à Nevers.

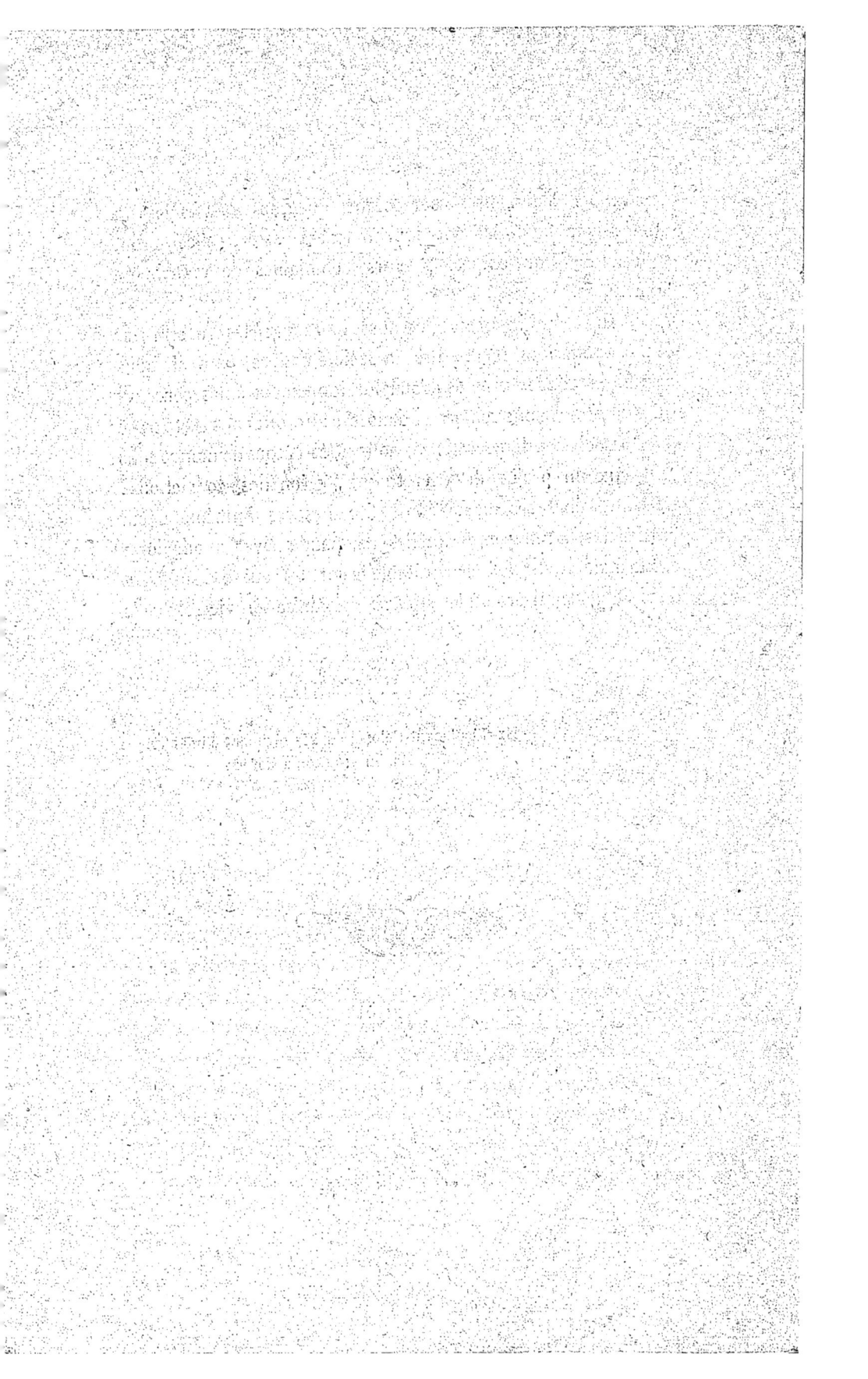

# DU DROIT

À

# L'ASSISTANCE PUBLIQUE.

## TITRE PREMIER.

### Création d'une Caisse d'assistance publique.

#### ARTICLE PREMIER.

A partir du 1ᵉʳ janvier 1850, il sera créé une Caisse d'assistance publique dont le premier fonds sera assuré par un prélèvement sur le milliard accordé aux émigrés par la loi de 1825 [1].

#### ART. 2.

La Caisse d'assistance sera alimentée :

1° Par les crédits portés au budget de chaque année ;

---

[1] Une caisse d'assistance publique, telle que nous la concevons, peut, avec le temps, présenter des ressources considérables. Il suffira d'en bien administrer les fonds. La caisse de retraite de la marine, dont l'existence remonte déjà à plus d'un siècle, en est la preuve irrécusable.

2° Par le montant des retenues qui seront faites sur le salaire et les gages des travailleurs, comme il sera indiqué aux art. 22 et 23 du titre 5 ;

3° Par un impôt, dit de l'assistance publique, dont seront frappées les fortunes mobilières et immobilières qui donnent annuellement un revenu au moins de 1,000 fr. [1]

Cet impôt sera perçu en suivant la progression suivante :

Sur un revenu de 1,000 à   2,000 fr., 1½ p. 0⁄0
—       de 2,000 à   3,000 fr., 1 p. 0⁄0
—       de 3,000 à   4,000 fr., 2 p. 0⁄0
—       de 4,000 à   5,000 fr., 3 p. 0⁄0
—       de 5,000 à 10,000 fr., 4 p. 0⁄0
—       de 10,000 à 15,000 fr., 5 p. 0⁄0
—       de 15,000 à 20,000 fr., 6 p. 0⁄0
—       de 20,000 à 40,000 fr., 7 p. 0⁄0
—       de 40,000 à 60,000 fr., 8 p. 0⁄0
—       de 60,000 à 80,000 fr., 9 p. 0⁄0
—       de 80,000 à 100,000 fr., 10 p. 0⁄0

et au-dessus.

## TITRE II.

### Charges de la Caisse d'assistance [2].

#### ART. 3.

La caisse d'assistance sera destinée :

1° A assurer des pensions de retraite aux travailleurs, à leurs veuves et à leurs orphelins.

---

[1] Cet impôt n'a rien d'exorbitant pour les fortunes moyennes qui seront affranchies des aumônes à domicile.

[2] Il n'entre pas dans notre intention de prétendre que toutes les charges de la caisse d'assistance doivent être supportées immédiatement, cela serait impossible ; mais avec le temps, nous sommes convaincu qu'on y parviendra : il faut, pour cela, entrer franchement dans la voie que nous indiquons.

2° À prêter des capitaux, avec intérêt de 3 p. 0|0, sur garanties suffisantes, aux agriculteurs, entrepreneurs, chefs d'ateliers, manufacturiers et associations ouvrières, ainsi qu'aux communes, de manière à assurer, en tout temps, des travaux aux ouvriers de toutes les professions.

3° À fonder, avec le temps, un établissement dans chaque canton où les enfants des travailleurs seraient logés, entretenus et nourris gratuitement de sept à douze ans. Ces cinq années seraient employées à leur instruction première, ainsi qu'à leur éducation religieuse, civique et professionnelle [1].

## TITRE III.

### Des Travailleurs en général.

#### ART. 4.

Sont considérés comme travailleurs :

1° Les ouvriers de toutes les professions;

2° Les journaliers des villes et des campagnes, employés n'importe à quel titre ;

3° Les domestiques à gages, et généralement tous les citoyens employés chez autrui pour des travaux donnant droit à un salaire ou à des gages.

#### ART. 5.

Un règlement fixera le taux de la journée de travail de chaque profession pour les différentes localités [2].

---

[1] On comprend parfaitement qu'il y aurait impossibilité, pour le moment, de fonder simultanément ces établissements pour toute la France; mais, en raison de la diminution des charges qui résulterait pour les maisons de bienfaisance, actuellement existantes, par la création de la caisse d'assistance, ne pourraient-elles pas dans beaucoup de localités subvenir aux premiers frais d'installation, en cédant les bâtiments et autres immeubles ?

[2] Par exemple, nous prenons l'état de maçon, dont le prix de la journée pourrait être fixé comme il suit :

### ART. 6.

Chaque profession sera divisée en quatre classes. La première comprendra les travailleurs le mieux rétribués.

## TITRE IV.

### De l'administration de la Caisse d'assistance.

#### SECTION PREMIÈRE.

*Du Conseil d'administration central.*

### ART. 7.

La caisse d'assistance sera administrée par un conseil d'administration composé de 25 membres qui seront nommés au scrutin par l'Assemblée nationale, pour tout le temps que durera chaque législature.

### ART. 8.

Ces 25 membres seront choisis parmi les représentants ; ils éliront entre eux un Président, deux Vice-Présidents, et quatre Secrétaires.

### ART. 9.

Le Conseil d'administration présentera à la nomination du ministre des finances, un Directeur général et tous les employés jugés indispensables à la bonne gestion de la caisse d'assistance.

A Paris, 4 fr. par jour ;
Dans les villes de second ordre, 3 fr. 50 c.;
Dans toutes les autres villes, 2 fr. 50 c.;
Dans toutes les communes rurales, 2 fr.
Ainsi de suite pour toutes les autres professions.

### ART. 10.

Ces fonctionnaires recevront des rétributions proportionnées à leur capacité et aux services qu'ils rendront.

### ART. 11.

Le siége de l'administration centrale de la caisse d'assistance sera fixé à Paris.

### ART. 12.

Un règlement spécial déterminera le mode d'administration qu'il conviendra d'adopter pour la caisse d'assistance.

### ART. 13.

Chaque année, dans le courant du premier trimestre, le Conseil d'administration central, soumettra à l'Assemblée nationale les comptes de la caisse d'assistance de l'exercice écoulé.

### SECTION DEUXIÈME.

*Des comités communaux.*

### ART. 14.

Dans chaque commune, il y aura un comité de la caisse d'assistance publique dont les membres seront élus en même temps que les conseillers municipaux. Leur nombre ne sera jamais moindre de cinq par commune, et il augmentera en raison de l'importance de la population, de manière à présenter un comité de cinq membres autant de fois que la population donnera le chiffre de cinq mille âmes.

### ART. 15.

Ces fonctions seront gratuites.

## Art. 16.

Ces comités auront pour mission principale de provoquer, de la part des autorités locales, toutes les mesures qu'ils jugeront convenables pour moraliser les ouvriers, les encourager au travail. Ils surveilleront la perception des retenues à opérer sur le salaire des travailleurs en examinant fréquemment les registres tenus par les patrons et les livrets des travailleurs. (Articles 22 et 24.)

## Art. 17.

Les comités d'une même commune se réuniront sous la présidence du doyen d'âge pour s'entendre sur les mesures à prendre et pour centraliser leurs opérations écrites. Le président seul correspondra directement avec le conseil d'administration central de la caisse d'assistance dont il est parlé à la section première du titre IV.

## TITRE V.

### Du mode de perception des retenues à exercer sur le salaire et les gages des travailleurs.

## Art. 18.

Dans toutes les communes de la République, il sera tenu, sous la surveillance des membres du comité, un registre à folios mobiles et individuels, destiné à l'immatriculation des travailleurs natifs de la commune, ainsi qu'à l'inscription successive du nombre de journées de travail sur lesquelles des retenues auront été exercées.

## Art. 19.

Un duplicata, dûment certifié, de chaque folio individuel, sera transmis, par les soins du comité communal, au conseil

d'administration central , dans les cinq premiers jours qui sui-
vront l'immatriculation des travailleurs.

### Art. 20.

Quel que soit le domicile du travailleur, il sera toujours
immatriculé dans la commune où il est né, où seront envoyés
tous les documents qui devront ultérieurement servir à établir
ses droits à la pension de retraite.

### Art. 21.

Tout travailleur né sur mer, en pays étrangers ou dans les
colonies, ou tout travailleur étranger, naturalisé français,
devra élire son domicile dans une des communes continentales
de la République.

### Art. 22.

Les journées de travail ne seront passibles de retenues que
lorsque le travailleur aura atteint l'âge de vingt ans, et à cette
époque, il recevra un livret, coté et paraphé par un des membres
du comité communal.

### Art. 23.

Il sera perçu, au profit de la caisse d'assistance, sur le
salaire et les gages des travailleurs, quel que soit leur taux,
une retenue de 5 p. 0/0 [1].

### Art. 24.

Tout entrepreneur, chef d'atelier, et généralement tout
citoyen susceptible d'employer des travailleurs comme ouvriers,

---

[1] Nous ne mettons pas en doute que, pour seconder une institution philantropique, les patrons n'augmenteraient spontanément de cinq centimes par
franc le salaire journalier des travailleurs des villes et des campagnes. Nous
connaissons trop les sentiments des Français pour leur faire l'injure de sup-
poser qu'un seul voulût se refuser à faire ce léger sacrifice.

journaliers ou domestiques, sera tenu d'avoir un registre coté
et paraphé par un des membres du comité communal. Ce registre sera destiné à l'inscription des travailleurs qu'il emploiera,
à faire connaître le nombre de journées pendant lesquelles ils
auront travaillé, et enfin le montant des retenues exercées.

### Art. 25.

Dans les 15 premiers jours de chaque trimestre, les personnes, désignées dans l'article précédent, seront tenues de se
présenter chez le receveur ou le percepteur des contributions
de leur commune pour y opérer le versement du montant des
retenues exercées par eux, pendant le trimestre précédent, sur
le salaire et les gages des travailleurs qu'ils auront employés.

Le receveur des finances donnera récépissé de la somme ver-
sée sur le registre dont la tenue est prescrite par l'article 24,
ainsi que sur le livret du travailleur.

### Art. 26.

Les receveurs et les percepteurs tiendront un registre à talon
spécialement destiné aux versements faits au profit de la caisse
d'assistance, dont ils détacheront des reçus individuels qu'ils
remettront aux déposants en même temps qu'ils signeront sur
leurs registres.

### Art. 27.

Ces reçus individuels seront remis par les patrons aux membres du comité communal quand ils se présenteront pour véri-
fier leurs registres et les livrets des travailleurs.

### Art. 28.

Les membres du comité feront faire immédiatement inscription, sur les matricules de la commune, des reçus se rapportant

à des travailleurs qui y sont nés, ou qui y ont élu leur domicile, et transmettront, sans retard, aux autres communes les reçus applicables à des travailleurs qui en font partie.

## Art. 29.

Les comités communaux, ainsi que les receveurs et percepteurs, adresseront dans le premier mois du trimestre, chacun de leur côté, au conseil d'administration central, un bordereau nominatif et indicatif des sommes versées dans les caisses de l'état au profit de la caisse d'assistance.

Au moyen de ces pièces, le conseil d'administration central pourra contrôler, par comparaison, les opérations des receveurs des finances et celles des comités communaux, et mettre au courant ses matricules, dont les résultats devront toujours être identiques avec ceux que présentent celles tenues dans les communes.

## Art. 30.

Quand, dans le courant d'un trimestre, un travailleur changera de résidence, le montant des retenues exercée sur son travail sera arrêté jusqu'au jour de son départ et versé immédiatement.

## Art. 31.

Les personnes désignées à l'article 24 qui auraient négligé de tenir leur registre à jour, omis sciemment d'exercer les retenues prescrites sur les journées de travail, ou qui, par défaut d'inscription, auraient causé un dommage quelconque à la caisse d'assistance, seront passibles d'une amende de 10 à 100 fr., et cela sans préjudice des peines prononcées par le code pénal, dans le cas de détournement ou de fraude.

# TITRE VI.

## Des Droits à la Pension de retraite.

### SECTION PREMIÈRE.

*Par ancienneté.*

#### Art. 32.

Tout travailleur, âgé de 60 ans, aura droit à autant de fois 10 fr. de pension annuelle qu'il pourra justifier d'années de travail, ayant subi les retenues prescrites par l'art. 25 ; toutefois, la pension de retraite ne pourra jamais être supérieure au maximum qui demeure fixé à 400 fr. par an [1].

#### Art. 33.

Chaque année de travail se composera de 300 journées.

#### Art. 34.

Quand le travailleur aura atteint l'âge de 60 ans, la fraction supérieure à 150 journées de travail, lui sera comptée pour une année entière.

#### Art. 35.

Les années, passées au service de la République, dans les armées de terre et de mer, seront comptées comme années de travail aux citoyens qui en justifieront au moyen de congés délivrés par les autorités compétentes ; toutefois, ils ne pourront,

---

[1] Quel que soit le montant des retenues exercées sur les journées de travail, nous pensons qu'il est humain d'accorder la même retraite à tous les travailleurs pouvant justifier le même nombre d'années de travail ; et cela pour deux raisons : d'abord parce que l'ouvrier, plus largement rétribué, a eu la possibilité de faire quelques économies sur son salaire, et qu'ensuite à l'époque de la retraite tous ont les mêmes besoins, c'est-à-dire de vivre avec le strict nécessaire.

dans aucun cas, cumuler la pension de retraite de travailleur avec celle à laquelle ils pourraient avoir droit, soit comme militaires, soit comme marins.

## SECTION DEUXIÈME.

### *Par Infirmités.*

#### ART. 36.

Tout travailleur atteint de maladies ou infirmités incurables, bien dûment constatées, le mettant dans l'impossibilité absolue de se livrer à aucun travail manuel, aura droit, quel que soit son âge, au maximum de la pension de retraite. Si, cependant, les infirmités dont il serait atteint, ne l'obligeaient qu'à réduire de moitié ses heures de travail, il n'aurait droit, dans ce cas, qu'à une pension de retraite proportionnelle au nombre d'années de travail qu'il aurait complétées.

## TITRE VII.

### Pension de retraite des veuves et orphelins de Travailleurs.

#### ART. 37.

Auront droit à une pension viagère et annuelle de 200 fr., les veuves des travailleurs en jouissance d'une pension de retraite, ou en possession de droits à cette pension, pourvu, toutefois, qu'elles puissent justifier de cinq années de mariage au jour du décès du mari.

#### ART. 38.

En cas de séparation de corps, la veuve ne pourra prétendre à aucune pension; les enfants, s'il y en a, seront considérés comme orphelins.

## Art. 39.

Après le décès de la mère, ou lorsque, par l'effet des dispositions de l'article précédent, elle se trouvera déchue de ses droits à la pension, l'enfant, ou les enfants mineurs des travailleurs, auront droit, quel que soit leur nombre, à un secours annuel égal à la pension qu'elle aurait été susceptible d'obtenir.

Le secours sera payé jusqu'à ce que le plus jeune d'entre eux ait atteint l'âge de 21 ans accomplis ; mais, dans ce cas, la part des majeurs sera reversible sur les mineurs.

## TITRE VIII.

### Dispositions transitoires.

## Art. 40.

La République voulant, autant qu'il dépend d'elle, améliorer le sort des travailleurs, dont on s'est si peu occupé sous les monarchies, et désirant surtout mettre fin, pour toujours, à la mendicité à laquelle les ouvriers étaient, pour la plupart, malheureusement condamnés dans leur vieillesse, décrète en outre les dispositions suivantes :

## Art. 41.

A partir du 1$^{er}$ janvier 1850, auront droit à une pension annuelle et viagère de 200 fr., servie par le fonds de la caisse d'assistance publique, les citoyens français, jouissant de leurs droits civils et politiques, ayant accompli l'âge de 60 ans, ou qui seraient atteints d'infirmités ou maladies incurables, dûment constatées, qui les mettraient dans l'impossibilité absolue d'exercer aucune profession manuelle.

## Art. 42.

Nul ne sera admis à profiter du bénéfice de la pension accordée par l'article précédent, s'il est en jouissance d'un revenu annuel de 200 fr. et au-dessus.

Dans le cas où un citoyen, remplissant les conditions stipulées à l'art. 41, serait en jouissance d'un revenu annuel moindre de 200 fr., il ne lui serait accordé qu'une pension jugée nécessaire pour atteindre ce chiffre.

## Art. 43.

Les citoyens actuellement classés parmi les travailleurs qui, au jour de la promulgation du présent décret, ne seraient pas âgés de 60 ans, seront admis, quand ils auront accompli cet âge, et lorsqu'on établira leurs droits à la pension de retraite, à compter comme année de travail donnant droit 5 fr. de pension annuelle, toutes celles écoulées depuis le jour où ils ont atteint l'âge de 20 ans jusqu'au 1er janvier 1850.

Les années de travail acquises depuis le 1er janvier 1850, jusqu'au jour où ils atteindront l'âge de 60 ans, leur seront décomptées pour la pension de retraite, à raison de 10 fr. par année, conformément aux dispositions de l'article 32.

Le jour où ils seront immatriculés, comme travailleurs, il sera fait mention, sur les registres et leurs livrets, du bénéfice que le présent décret leur accorde à titre de rémunération de leurs travaux passés.

## Art. 44.

Nul ne sera admis à jouir du bénéfice concédé par l'article précédent si, volontairement, il a renoncé à la qualité de travailleur en n'exerçant aucune des professions dont le salaire est passible de retenues au profit de la Caisse d'assistance, ou s'il est en possession d'un revenu annuel de 200 fr. et au-dessus.

## TITRE IX.

### Dispositions générales.

### Art. 45.

Tout travailleur pensionné qui, pour cause de maladie ou tout autre motif, serait admis sur sa demande, dans un établissement hospitalier, comme pensionnaire, perdrait, du jour de son admission, tout droit à la pension de retraite. La moitié de sa pension serait acquise à sa femme ou à ses enfants mineurs jusqu'à leur majorité, et l'autre moitié ferait retour à la Caisse d'assistance publique.

### Art. 46.

Les pensions des travailleurs sont personnelles et viagères. Elles sont incessibles, insaisissables et garanties par la République.

### Art. 47.

Le droit à l'obtention, à la jouissance de la pension de retraite des travailleurs, est suspendu :

1° Par une condamnation à une peine afflictive ou infamante, pendant la durée de la peine ;

2° Par la privation du titre de citoyen français ;

3° Par la résidence en pays étrangers sans l'autorisation du Président de la République.

### Art. 48.

Quand un travailleur voudra faire valoir ses droits à la pension de retraite, il en fera la demande par écrit au comité de la commune où il réside, et il indiquera le lieu où il désire se retirer.

Cette demande, accompagnée de toutes les pièces qui seront désignées dans une instruction particulière, sera transmise, sans retard, au comité de la commune, lieu de naissance du travailleur.

Ce dernier comité établira le mémoire de proposition de retraite et l'adressera au conseil d'administration central, lequel, après vérification, délivrera, s'il y a lieu, un brevet de retraite au travailleur, objet de la demande.

**P. MOUTON,**

Ex-Lieutenant-Colonel du 21e régiment
de ligne en garnison à Nevers.

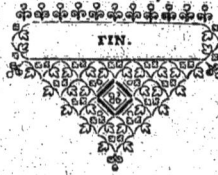

FIN.

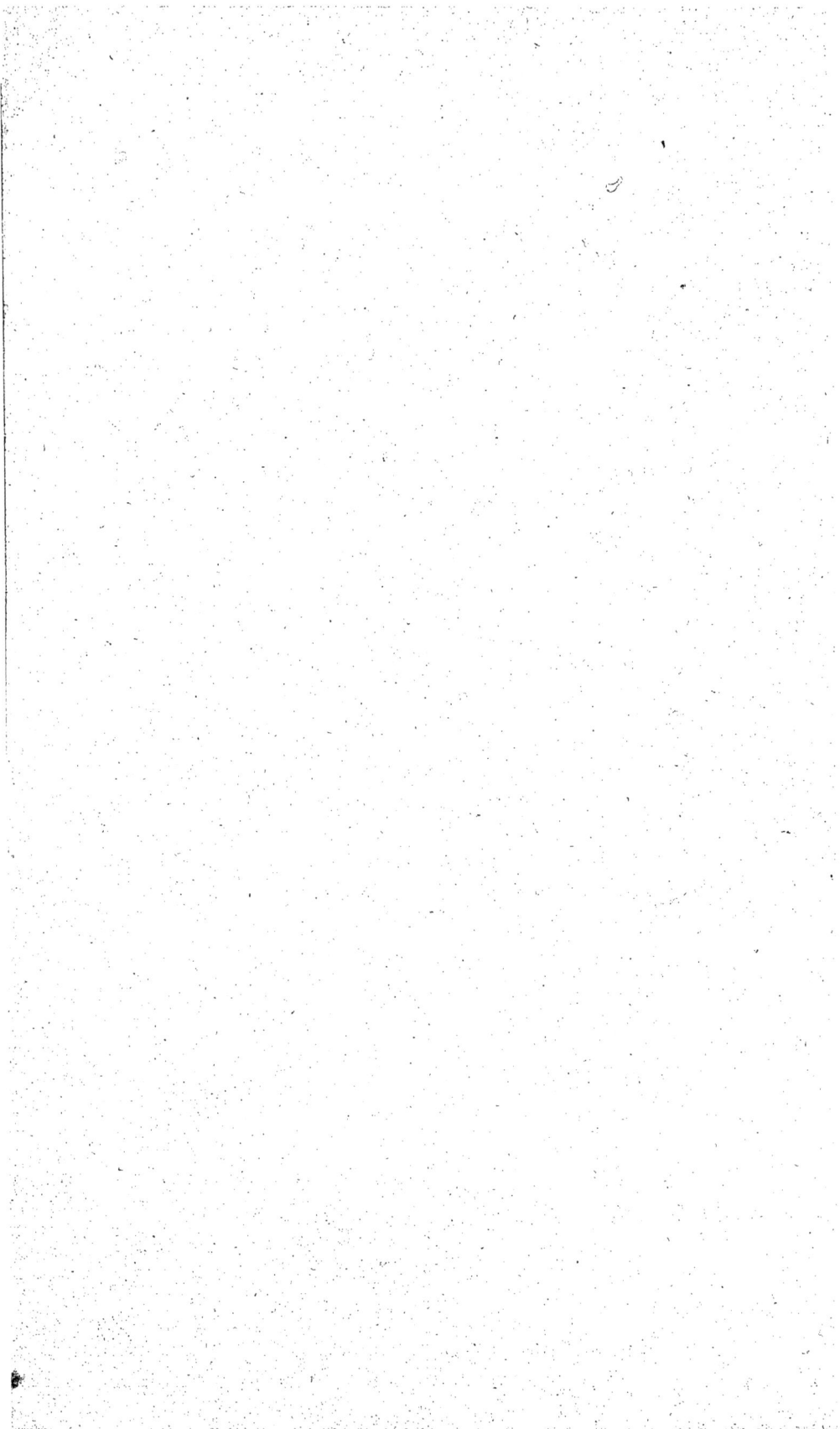

www.ingramcontent.com/pod-product-compliance
Lightning Source LLC
Chambersburg PA
CBHW070211200326
41520CB00018B/5592